जल

एक बड़ी छपछपाहट!

Terrapin

पृथ्वी पर मौजूद ज़्यादातर पानी तब बना, जब पृथ्वी आकार ले रही थी। आज जो पानी आप पी रहे हैं उसे किसी डायनासोर ने भी चखा होगा!

हम पानी पीते हैं, इससे हम अपने कपड़े–बर्तनों और अपनी भी साफ़–सफ़ाई करते हैं। छोटे बीजों को बड़े पेड़ों के रूप में बढ़ने के लिए पानी की ज़रूरत होती है। विशालकाय हाथी इसे अपनी सूँड़ में लेकर अपने पूरे शरीर पर छिड़काव करता है। आपके शरीर में भी पानी मौजूद है।

पानी क्या है?

पानी कहां से आता है?

पृथ्वी पर पानी है, पृथ्वी के अंदर और इसके चारों ओर हवा में भी पानी है।

स्वच्छ पानी

पृथ्वी पर मौजूद अधिकांश पानी बड़े–बड़े महासागरों और समुद्रों में है। यह पानी खारा होता है और इसे हम पी नहीं सकते। हम केवल बाकी बचे हुए पानी का प्रयोग कर सकते हैं। यह मीठा या स्वच्छ पानी कहलाता है।

सतह पर मौजूद पानी

आपके पैरों के नीचे भी ढेर सारा स्वच्छ पानी है। हाँ, यह ज़मीन के नीचे है! इसे भूमिगत जल कहा जाता है। हम कुएँ से खींचकर या पंप द्वारा निकाल कर इसका इस्तेमाल कर सकते हैं। कभी–कभी यह अपने आप पृथ्वी से बाहर निकल आता है और हमें एक प्यारा सा झरना मिल जाता है।

मज़ेदार बात !

आपके आसपास की सभी चीज़ें छोटे–छोटे अणुओं से मिलकर बनी हैं। पानी ऑक्सीजन के एक अणु और हाइड्रोजन के दो अणुओं से मिलकर बना है। इसलिए, वैज्ञानिक इसे H_2O कहते हैं, एक बूँद पानी में सैकड़ों–हज़ारों पानी के अणु होते हैं!

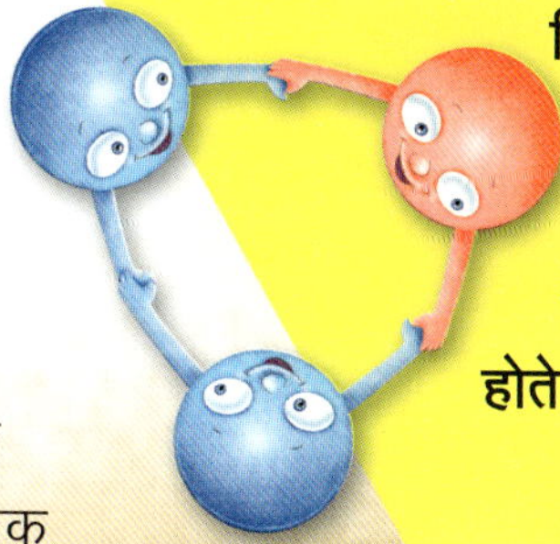

मैं पानी का पता लगाता हूँ

पानी अपना स्वरूप बदलता रहता है। कभी यह बहता है, तो कभी ठोस अवस्था में रहता है और कभी यह हवा में भी होता है, लेकिन आप इसे देख नहीं सकते!

मैं पानी के तरल रूप का पता लगाता हूँ

एक बड़े गिलास में थोड़ा पानी भरें। इसे थोड़ा हिलाएँ। फिर, इसे एक बड़े और चौड़े कटोरे में डालें। यह कटोरे का आकार ले लेता है, है न? अब इसे एक चपटी प्लेट में डालें। यह फैल जाता है। इसे नाली में डाल दें। क्या यह टूटता है? नहीं, यह बस नाली में बह जाता है! यह तरल है।

मैं पानी के ठोस रूप का पता लगाता हूँ

फ्रीज़र से बर्फ निकालें। यह भी पानी ही है–ठंडा और सख़्त। यह पानी का ठोस रूप है। बर्फ़ का एक टुकड़ा लें। इसका आकार निश्चित होता है। इसे कुछ देर के लिए एक कटोरे में रख दें। बर्फ़ का टुकड़ा पिघलकर द्रव यानी तरल में बदल जाता है।

जल में न तो स्वाद होता है और न ही कोई गंध। इसमें कई पदार्थ घुल सकते हैं, इसीलिए पानी में थोड़ी सी चीनी व नींबू का रस मिलाने पर आपको स्वादिष्ट नींबूपानी मिल जाता है।

जल शून्य डिग्री सेल्सियस पर जमता है। सेल्सियस तापमान को मापने का एक पैमाना है।

मैं जलवाष्प का पता लगाता हूँ

क्या आपने केतली में उबलते हुए पानी को देखा है? पानी के उबलने पर केतली के मुंह से कुछ निकलने लगता है। यह वाष्प यानी भाप है। यह जल की गैसीय या वाष्पीय अवस्था है। गर्म होते ही पानी भाप में बदलकर ऊपर और ऊपर जाकर दूर चला जाता है!

भले यह गैस हो, लेकिन भाप उबलते हुए पानी से ज़्यादा गर्म हो सकती है। इसलिए भाप के मामले में थोड़ी सावधानी बरतें।

मानो या न मानो! ?

अधिकांश तरल पदार्थ जब ठोस अवस्था में होते हैं, तो वे डूब जाते हैं, लेकिन पानी जमने पर यानी बर्फ़ बनने पर तैरने लगता है! इसलिए झीलों व नदियों में बर्फ़ ऊपरी सतह पर तैरती है। यह बहुत अच्छी बात है, क्योंकि इससे निचली सतह पर मौजूद मछलियाँ सर्दियों में ठंड से नहीं मरती।

जल एक चक्र के रूप में

पानी कभी एक जगह पर नहीं रुकता। वह भूमि और महासागर से हवा में पहुँचता है और फिर वापस आ जाता है, इसे जलचक्र कहा जाता है।

चक्र के साथ गोल–गोल घूमें

तो फिर महासागर से शुरुआत करना अच्छा रहेगा। यह पानी से भरा हुआ है। सूरज पानी को गर्म करता है। वह इसे भाप या वाष्प में बदलता है। वह ऊपर, ऊपर और बहुत दूर चला जाता है! पानी की यह यात्रा वाष्पीकरण कहलाती है।

अगर वह ऊपर जाता है तो नीचे भी ज़रूर आएगा!

ऊपर आसमान में बहुत ठंडक होती है, इसलिए गर्म भाप पानी की छोटी–छोटी बूँदों में बदल जाती है। यात्रा के इस हिस्से को संघनन कहा जाता है। ये छोटी–छोटी बूँदें एक साथ मिलकर बादल बनाती हैं।

हवा जब कहीं भी जाती है, तो अपने साथ बादलों को उड़ाकर ले जाती है। बादल एक–दूसरे के साथ मिलते हैं और बड़े होते जाते हैं। जब बादल में मौजूद बूँदें बड़ी और भारी हो जाती हैं तो वे अधिक समय तक हवा में नहीं रह पाती। तब वे पृथ्वी पर वापस वर्षा, हिम या ओले के रूप में गिरती हैं। यात्रा का यह भाग वर्षण कहलाता है। और यह यात्रा फिर से शुरू हो जाती है!

पौधों से भी भाप के रूप में पानी निकलता रहता है! इसे वाष्पोत्सर्जन कहा जाता है।

क्या आप जानते थे ?

जल चक्र

वाष्पोत्सर्जन : इसका मतलब है कि पौधों से भाप निकलती है। यह इंसानों के शरीर से निकलने वाले पसीने की तरह है।

वाष्पीकरण : यह इस बात को कहने का अच्छा तरीका है कि पानी अपने तरल रूप से भाप में बदल जाता है। फिर ऊपर उड़ते–उड़ते दूर चला जाता है!

वर्षण : यह कहने का चतुर तरीका है कि वर्षा, हिम या ओले के रूप में पानी नीचे गिरता है।

जलवाष्प संघनित होकर जल की छोटी–छोटी बूँदों में बदल जाती है जो एक साथ मिलकर बादल का निर्माण करती हैं।

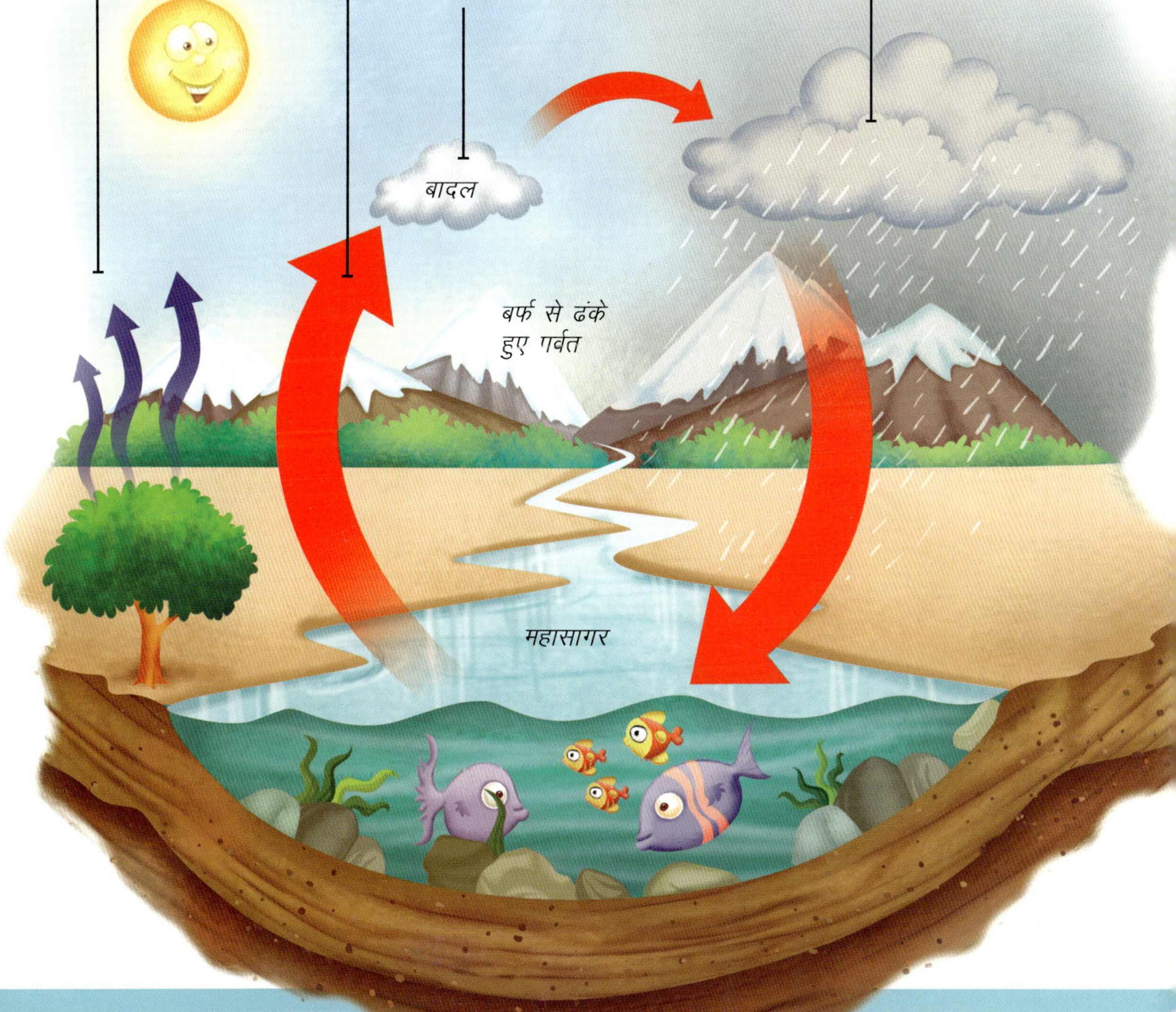

बहुत समय पहले लोग भोजन की तलाश में एक जगह से दूसरी जगह घूमते रहते थे। धीरे–धीरे उन्होंने भोजन के लिए फसल उगाना और जानवरों को पालना सीखा। फिर उन लोगों ने एक स्थान पर रहना शुरू किया, जिससे कस्बों और शहरों का विकास हुआ। ये स्थान नदियों के किनारे बसे थे क्योंकि लोग पीने, भोजन बनाने और फसल उगाने के लिए नदी के पानी का इस्तेमाल करते थे। आज हम बहुत ज़्यादा पानी का इस्तेमाल करते हैं।

जल और आप

घर में

हम घर में पीने, कपड़े धोने और खाना पकाने के लिए जल का उपयोग करते हैं। इससे हम अपने घरों को साफ़ करते हैं और पौधों को भी सींचते हैं।

कारखानों में

कारखानों में काफ़ी पानी का इस्तेमाल किया जाता है, क्योंकि वहाँ कई तरह के उत्पाद बनाए जाते हैं। कारखानों को इस्तेमाल के बाद बचे हुए गंदे पानी को बाहर बहाने से पहले साफ़ करना चाहिए।

आपको न सिर्फ़ पीने के लिए, बल्कि खाना पकाने के लिए भी पानी की ज़रूरत होती है।

खेतों में

किसान फसल उगाने के लिए पानी का उपयोग करते हैं।

पानी पर यात्रा

लोग नदी पर नाव चलाकर एक जगह से दूसरी जगह जाते हैं। सामान को भी नावों पर ले जाया जाता है।

दुनिया भर में एक साल में जितने पानी का इस्तेमाल होता है, उसकी आधी से अधिक मात्रा का उपयोग खेतों की सिंचाई के लिए किया जाता है।

पानी में बहुत मौज–मस्ती की जा सकती है! क्या आपको वॉटर पार्क जाना पसंद नहीं? या फिर नाव में बैठना और तैरना अच्छा नहीं लगता?

मज़ेदार बात! ?

इटली का वेनिस शहर नहरों के बीच स्थित है, जहाँ नावों को गॉन्दोला कहा जाता है या पानी में चलने वाली टैक्सी को वापोरेत्तो प्लाय कहा जाता है! भारत के केरल राज्य में लोग बैकवॉटर्स यानी अप्रवाही जल में नावों से यात्रा करते हैं। ऐलेप्पी अपनी नौका–दौड़ के लिए प्रसिद्ध है।

पानी में बहुत ताकत होती है। यह ताकत या शक्ति जल शक्ति कहलाती है। बहुत छोटी सी बात लगती है, है न? असल में 'हाइड्रो' का अर्थ 'जल' है। जल शक्ति स्वच्छ शक्ति है तथा इससे पृथ्वी को कोई नुकसान नहीं होता है।

जल विद्युत

हम जल से मिलने वाली शक्ति का प्रयोग कई तरीकों से कर सकते हैं। जल को ऊंचाई से गिराकर हम बिजली बना सकते हैं। यह जल विद्युत कहलाता है।

जल विद्युत संयंत्र

जल की शक्ति

लहरों की शक्ति

हवा के बहाव से समुद्र में बड़ी लहरें बनती हैं। ये लहरें बहुत ताकतवर होती हैं। हमने यह सीख लिया है कि हम कैसे इन लहरों की शक्ति या ऊर्जा का उपयोग कर सकते हैं। यह लहरों की शक्ति है।

ज्वारीय शक्ति

समुद्र का स्तर घटता–बढ़ता रहता है। यह ज्वार–भाटे के कारण होता है। ज्वार यानी उफ़ान के दौरान, समुद्र तट पर पानी बढ़ जाता है और वह किनारे पर आ जाता है। भाटा यानी उतार के दौरान, पानी कम हो जाता है और यह समुद्र तट से दूर चला जाता है। ज्वार–भाटा में शक्ति होती है और कुछ स्थानों पर विद्युत उत्पन्न करने के लिए इसका उपयोग किया जाता है।

लहरें टरबाइन को घुमाती है, जो दिखता तो पंखे की तरह है, लेकिन यह उससे बिल्कुल अलग होता है। टरबाइन एक मशीन से जुड़ा होता है जिससे बिजली बनती है।

ज्वारीय टरबाइन

क्या आप जानते थे ?

बहुत समय पहले, भारत और चीन के लोग पनचक्की घुमाने के लिए जल की ऊर्जा का उपयोग करते थे।

मुझे साफ़ रखें

हमारा जल प्रदूषित हो रहा है। हम यह भी कह सकते हैं कि यह गंदा हो रहा है।

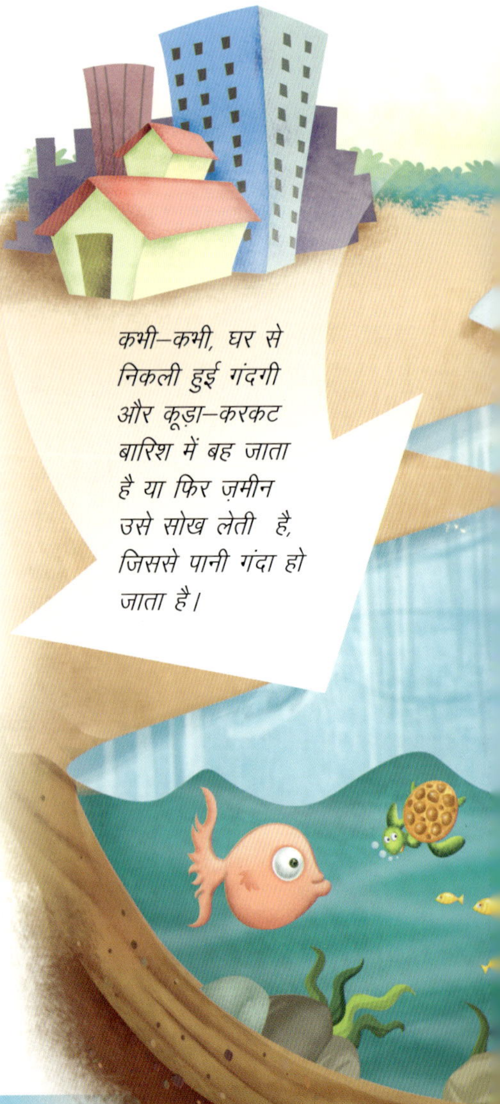

हमारा जल कैसे प्रदूषित हो रहा है?

हमारे घर में प्रयोग होने वाले साबुन और डिटरजेंट नदियों और झीलों में पहुंचते हैं। कुछ लोग नदियों और झीलों में कूड़ा बहा देते हैं।

पृथ्वी का लगभग तीन–चौथाई हिस्सा जल से ढंका हुआ है, लेकिन हम उसके बहुत छोटे से हिस्से का ही उपयोग कर सकते हैं।

किसान फसलों को तेजी से बढ़ाने के लिए रासायनिक उर्वरकों का प्रयोग करते हैं। ये रसायन ज़मीन के अंदर रिसकर भूमिगत जल के साथ मिल सकते हैं और फिर नदियों या झीलों तक पहुंच सकते हैं। कारखानों से निकले हुए रसायन भी पानी को प्रदूषित कर सकते हैं।

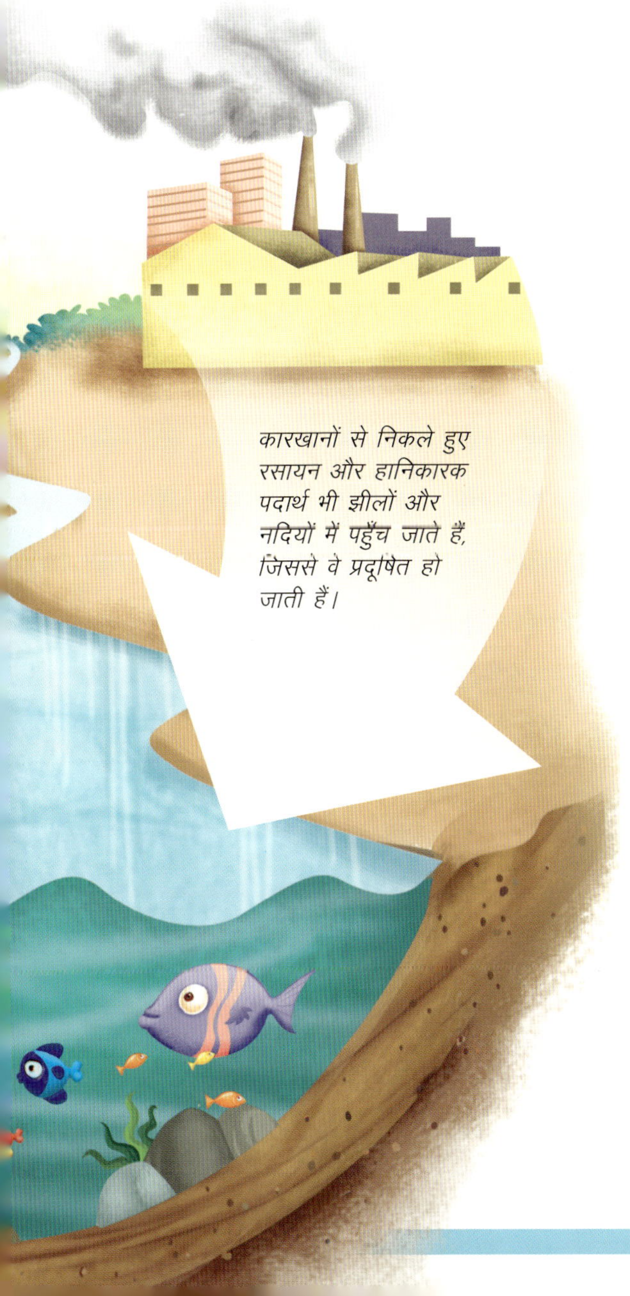

कारखानों से निकले हुए रसायन और हानिकारक पदार्थ भी झीलों और नदियों में पहुँच जाते हैं, जिससे वे प्रदूषित हो जाती हैं।

हमें पानी को साफ़ क्यों रखना चाहिए?

पृथ्वी के कुल पानी का 97 प्रतिशत भाग खारे महासागरों में है। इसका मतलब यह है कि केवल 3 प्रतिशत जल ही मीठा या स्वच्छ है! अब हम इसे सीधे–सादे तरीके से समझते हैं: पानी से भरे सौ जगों में से हम सिर्फ़ तीन जग पानी का इस्तेमाल कर सकते हैं। अगर इन तीन जगों का पानी गंदा हो जाए तो हमें बहुत बड़ी समस्या का सामना करना पड़ेगा, है न? इसलिए पानी को साफ़ रखने के लिए हमें भी अपनी ज़िम्मेदारी निभानी चाहिए।

क्या आप जानते थे ?

कोई इंसान खाने के बिना एक महीने तक ज़िंदा रह सकता है, लेकिन पानी के बिना वह ज़्यादा से ज़्यादा एक हफ़्ते तक ही जीवित रह सकता है।

जल संरक्षण का मतलब है कि हम रोज़ के अपने कामों के लिए उतने ही पानी का इस्तेमाल करें, जितनी ज़रूरत हो। इसका यह अर्थ भी है कि हम पानी बचाने के तरीकों और उपायों के बारे में सोचें।

जल का संरक्षण क्यों करें?

हमारे ग्रह पर लोगों की संख्या बढ़ रही है। इसका अर्थ यह है कि हम अधिक से अधिक जल का प्रयोग कर रहे हैं। लेकिन पृथ्वी पर मौजूद पानी की मात्रा उतनी ही है जितनी पहले थी। इसमें कोई बढ़ोतरी नहीं हुई। इसलिए, हमें जल को संरक्षित करने की आवश्यकता है। हां, ये साधारण सी बात है, है न?

वर्षा के जल का संचयन

जल संरक्षण क्या है?

बारिश के पानी को इकट्ठा करने के लिए बाहर एक ड्रम रखें। इस पानी से आप अपने पौधों को सींच सकते हैं। यह वर्षा के जल का संचयन कहलाता है। इसका सीधा सा मतलब है कि आप बारिश के पानी को जमा करते हैं और उसे बाद में अपने उपयोग के लिए रखते हैं। वर्षा के जल का संचयन एक बहुत ही अच्छा विचार है, लेकिन यदि आप इस पानी को ड्रम में इकट्ठा करना चाहते हैं, तो आपको सावधानी बरतनी होगी।

जल के साथ–साथ मिट्टी को बचाने का एक अच्छा तरीका वृक्ष लगाना है!

आपको लंबे समय तक पानी को एक जगह जमा करके नहीं रखना चाहिए। इससे मच्छर पैदा होते हैं और उनसे मलेरिया या डेंगू जैसी बीमारियाँ भी हो सकती हैं। ऐसा होना तो अच्छी बात नहीं है, है न?

बंजर क्षेत्रों में पेड़ लगाना भी जल संरक्षण में मददगार एक और बढ़िया तरीका है। पौधे मिट्टी को ढंके रहते हैं और उसे सूखने नहीं देते। इस तरह मिट्टी बाकी पौधों के बढ़ने के लिए अपने अंदर पानी थामे रखती है।

क्या आप जानते थे ?

प्राचीन भारत में लोग वर्षा के जल का संचयन करते थे। वे बारिश के पानी को जमा करने के लिए टंकियाँ बनाते थे। वे छत पर गिरने वाले पानी को भी जमा करते थे।

आप क्या कर सकते हैं?

जल संरक्षण एक ऐसा काम है, जिसमें बच्चे भी काफ़ी कुछ कर सकते हैं। इसकी शुरूआत घर से ही की जा सकती है।

- अच्छी तरह देख लें कि कहीं पाइप या टंकियों से पानी तो नहीं टपक रहा। अगर ऐसा है, तो किसी बड़े को उसकी मरम्मत करने को कहें।

स्नानघरः

- ब्रश करते समय या हाथ में साबुन लगाते समय नल बंद कर दें।
- ज़रूरत पड़ने पर ही शौचालय में पानी बहाएं। इसका प्रयोग कूड़ेदान की तरह न करें।
- शावर में न खेलें। नहाने के लिए पाँच मिनट काफ़ी हैं।

रसोईघरः

- सब्ज़ी, चावल या दाल धोने के बाद बचे पानी को न फेंकें। उसे जमा करें और उसका इस्तेमाल पौधों को सींचने में करें।

घर के बाहरः

- बरामदे या बालकनी को हर रोज़ पानी से धोने की ज़रूरत नहीं होती। इसके बजाय उसे झाड़ू से साफ़ करें।
- भूमि या मिट्टी के स्तर पर ही पौधों को सींचें।
- पौधों को सुबह या शाम को सींचें। ऐसा करने पर पानी भाप के रूप में बाहर नहीं निकलेगा।
- कार धोने के लिए पाइप के बजाय बाल्टी के पानी का प्रयोग करें। इससे पानी की काफ़ी बचत होगी।

जल संरक्षण क्या है?

बारिश के पानी को इकट्ठा करने के लिए बाहर एक ड्रम रखें। इस पानी से आप अपने पौधों को सींच सकते हैं। यह वर्षा के जल का संचयन कहलाता है। इसका सीधा सा मतलब है कि आप बारिश के पानी को जमा करते हैं और उसे बाद में अपने उपयोग के लिए रखते हैं। वर्षा के जल का संचयन एक बहुत ही अच्छा विचार है, लेकिन यदि आप इस पानी को ड्रम में इकट्ठा करना चाहते हैं, तो आपको सावधानी बरतनी होगी।

जल के साथ–साथ मिट्टी को बचाने का एक अच्छा तरीका वृक्ष लगाना है!

आपको लंबे समय तक पानी को एक जगह जमा करके नहीं रखना चाहिए। इससे मच्छर पैदा होते हैं और उनसे मलेरिया या डेंगू जैसी बीमारियाँ भी हो सकती हैं। ऐसा होना तो अच्छी बात नहीं है, है न?

बंजर क्षेत्रों में पेड़ लगाना भी जल संरक्षण में मददगार एक और बढ़िया तरीका है। पौधे मिट्टी को ढंके रहते हैं और उसे सूखने नहीं देते। इस तरह मिट्टी बाकी पौधों के बढ़ने के लिए अपने अंदर पानी थामे रखती है।

क्या आप जानते थे ?

प्राचीन भारत में लोग वर्षा के जल का संचयन करते थे। वे बारिश के पानी को जमा करने के लिए टंकियाँ बनाते थे। वे छत पर गिरने वाले पानी को भी जमा करते थे।

आप क्या कर सकते हैं?

जल संरक्षण एक ऐसा काम है, जिसमें बच्चे भी काफ़ी कुछ कर सकते हैं। इसकी शुरूआत घर से ही की जा सकती है।

- अच्छी तरह देख लें कि कहीं पाइप या टंकियों से पानी तो नहीं टपक रहा। अगर ऐसा है, तो किसी बड़े को उसकी मरम्मत करने को कहें।

स्नानघर:

- ब्रश करते समय या हाथ में साबुन लगाते समय नल बंद कर दें।
- ज़रूरत पड़ने पर ही शौचालय में पानी बहाएं। इसका प्रयोग कूड़ेदान की तरह न करें।
- शावर में न खेलें। नहाने के लिए पाँच मिनट काफ़ी हैं।

रसोईघर:

- सब्ज़ी, चावल या दाल धोने के बाद बचे पानी को न फेंकें। उसे जमा करें और उसका इस्तेमाल पौधों को सींचने में करें।

घर के बाहर:

- बरामदे या बालकनी को हर रोज़ पानी से धोने की ज़रूरत नहीं होती। इसके बजाय उसे झाड़ू से साफ़ करें।
- भूमि या मिट्टी के स्तर पर ही पौधों को सींचें।
- पौधों को सुबह या शाम को सींचें। ऐसा करने पर पानी भाप के रूप में बाहर नहीं निकलेगा।
- कार धोने के लिए पाइप के बजाय बाल्टी के पानी का प्रयोग करें। इससे पानी की काफ़ी बचत होगी।